I0692409

Climbing Machu Picchu, Huayna Picchu and Putucusi

Or

A Peru Travel Trip, Hiking One of the Seven Wonders of the World:
An Inca City Discovered by Hiram Bingham High in the Andes Mountains

¡Vamos a subir!

Escalar Machu Picchu, Huayna Picchu and Putucusi

O

Un viaje a Perú, escalando una de las Siete Maravillas del Mundo:
La ciudad de los incas descubierta por Hiram Bingham en lo alto de los Andes

TRACY FOOTE
TracyTrends
New York, USA
LatinAmericaFocus.com

Sobre la autora

Durante su niñez, Tracy Foote solía ir al campamento de verano en las montañas Adirondack al norte del estado de Nueva York, donde desarrolló un amor por la naturaleza, el aire libre y el escalar montañas. Su pasión por la conservación creció aún más cuando viajó y exploró muchas ruinas en Latinoamérica. Utilizando sus fotografías de Perú, espera inspirar el entusiasmo por viajar y conservar el ambiente histórico. Usa una cámara Canon EOS ELAN 35mm. Sus paginas de web son TracyTrends.com y KidsReadMore.com.

Conviértete en viajero - (de la autora)

Mi viaje al Perú me proporcionó algunas de las experiencias más cautivadoras de mi vida. Descubrir y escalar las montañas de Huayna Picchu y Putucusi fue una experiencia única y emocionante. Las vistas, los sonidos, la posición de las ruinas incas y el esplendor de las montañas dejan ver claramente por qué, el día 7 de julio de 2007, Machu Picchu se convirtió en una de las Nuevas Siete Maravillas del Mundo.

El propósito de este libro, acerca de tres montañas cerca de las grandiosas ruinas incas, es inspirar en los niños una pasión por la exploración y la escalada. Espero que los viajeros adultos utilicen este libro como una guía informativa sobre escaladas, así como para compartir sus experiencias ambientales con los niños, animándolos a explorar el mundo.

Dedicado a los pequeños chasquis

Niños peruanos en trajes típicos, los pequeños chasquis, solían entretener a los viajeros que descendían en autobús desde Machu Picchu hacia el pueblo de Aguas Calientes. El camino del autobús tiene muchas curvas y zigzags. Una línea vertical desde la cima de la montaña cruzaría el recorrido del bus constantemente, así que cada niño escogía un autobús y, tomando atajos verticales, se presentaba en diferentes puntos, gritando, "¡Hola, hola, hola!" Los viajeros sonreían al ver al mismo niño en cada vuelta. Abajo, el niño, respirando fuerte, esperaba orgulloso su propina.

En mi viaje del 2008, un guía turístico sonrió cuando le pregunté, "¿Dónde están los niños? ¡Viajamos hasta acá para verlos!" Resulta que los niños se estuvieron ausentando en la escuela, pues preferían entretener a los viajeros y recibir propinas, entonces la tradición de correr ha terminado. Con el progreso debe venir el cambio, pero este libro está dedicado a todos los niños que contribuyeron a la extraña aura mística de Machu Picchu y que intensificaron aquellos días mágicos con una sonrisa.

First printing, Printed in the USA
Publisher: TracyTrends
Text & Illustration Copyright © 2009 by Tracy Foote
Cover Design: Peri Poloni-Gabriel, Knockout Design, www.knockoutbooks.com

ISBN 13: 978-0-9814737-0-3
ISBN 10: 0-9814737-0-9
LCCN: 2008910993
Send all inquiries to:
TracyTrends
C/O T. Foote
27 West 86 St. Suite 17B
New York, NY 10024
www.TracyTrends.com
tracytrends@aol.com

About the Author

Tracy Foote spent her childhood summers at camp in the Adirondack Mountains in upstate New York where she developed a love of nature, the outdoors, and mountain climbing. Her passion for conservation grew as she traveled and explored many ruins in Latin America. Using her photographs from Peru, she hopes to inspire enthusiasm for travel and the preservation of the surrounding historical environment. She uses a Canon EOS ELAN 35mm camera and her websites are TracyTrends.com and KidsReadMore.com.

Become a Traveler – (From the Author)

Traveling to Peru yielded some of the most captivating experiences of my life. Discovering and experiencing the unique climbs up Huayna Picchu and Putucusi Mountains was thrilling. The sights, sounds, disposition of the Inca ruins, and splendor of the peaks themselves, made it ever so clear why Machu Picchu on July 7, 2007, became one of the New Seven Wonders of the World.

This book, about three climbable mountains overlooking the spectacular Inca ruins, seeks to inspire exploration and the love of hiking in young children. I also hope adult travelers will use this book both as an informational guide for climbing expectations and to share their own personal environmental experiences with children, encouraging them to explore the world.

> **July 7, 2007**
>
> The **New Seven Wonders of the World**
>
> - Chichén Itzá, Mexico
> - Christ Redeemer, Brazil
> - The Great Wall, China
> - Machu Picchu, Peru
> - Petra, Jordan
> - The Roman Colloseum, Italy
> - The Taj Mahal, India.

Dedicated to the Peruvian Boys Who Ran Down

Young Peruvian boys in traditional dress, called "pequeños chasquis" used to entertain travelers who descended by bus from Machu Picchu to the town of Aguas Calientes. The bus road is a winding one with many switchbacks. Because a straight line from the top of the mountain downward would repeatedly cross the road, each Peruvian boy could choose a bus and by taking vertical short cuts, present himself to riders at different points, yelling, "¡Hola, hola, hola!" Travelers would laugh upon realizing they were seeing the same child at every turn. At the bottom, each boy, breathing heavily, would wait proudly for his tip.

On my 2008 trip, a guide laughed when I asked him, "Where are the boys? We came all this way—just to see the boys!" Evidently, the Peruvian boys were skipping school, as they preferred to entertain travelers and receive tips, so the running tradition has come to an end. With progress must come change, but this book is dedicated to all the young boys who added to the mystical feeling of Machu Picchu and heightened those magical days with a smile.

Very far away, in the country of Peru, you will find the mountains of Machu Picchu, Huayna Picchu, and Putucusi. You can climb these mountains. You can go up!

Muy lejos, en el país del Perú, encontrarás las montañas de Machu Picchu, Huayna Picchu y Putucusi. Tú puedes escalar estas montañas. ¡Puedes subir!

First, you fly to Cusco City in the South American country of Peru. Then, you must travel to the remote town of Aguas Calientes where you will begin to climb.

Primero, vuelas a la ciudad de Cuzco, en el país del Perú, en Sudamérica. Luego, tienes que viajar hasta el pueblo lejano de Aguas Calientes donde comenzarás a escalar.

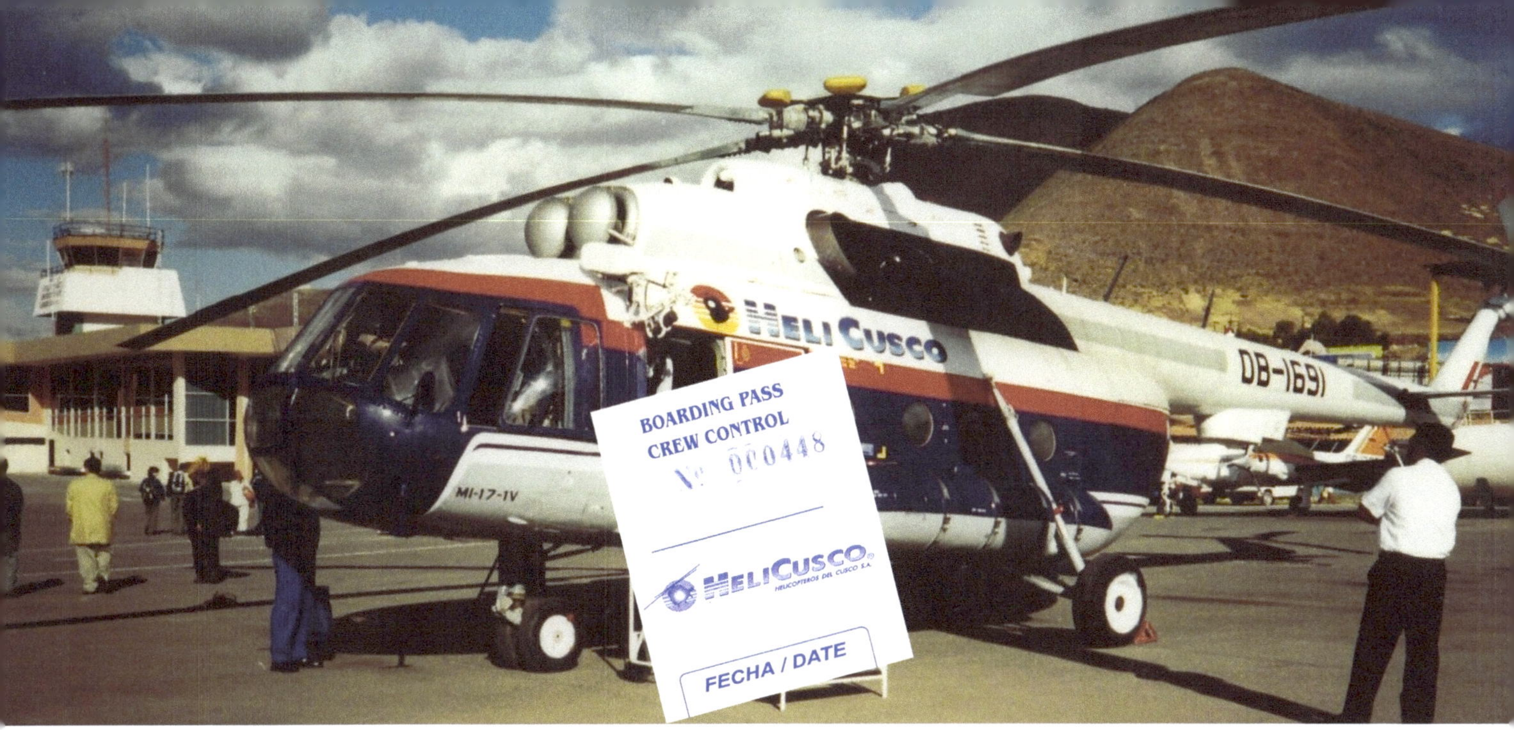
HELI CUSCO
DB-1691
MI-17-1V
BOARDING PASS
CREW CONTROL
Nº 000448
HELICUSCO
HELICOPTEROS DEL CUSCO S.A.
FECHA / DATE

Aguas Calientes is hidden deep in the Andes Mountains. At one time, you could travel by helicopter and see fantastic mountain views, but today you travel many hours by train.

Aguas Calientes está escondido en lo profundo de la Cordillera de los Andes. Antes, se podía viajar en helicóptero y observar las maravillosas vistas de las montañas, pero ahora se viaja muchas horas en tren.

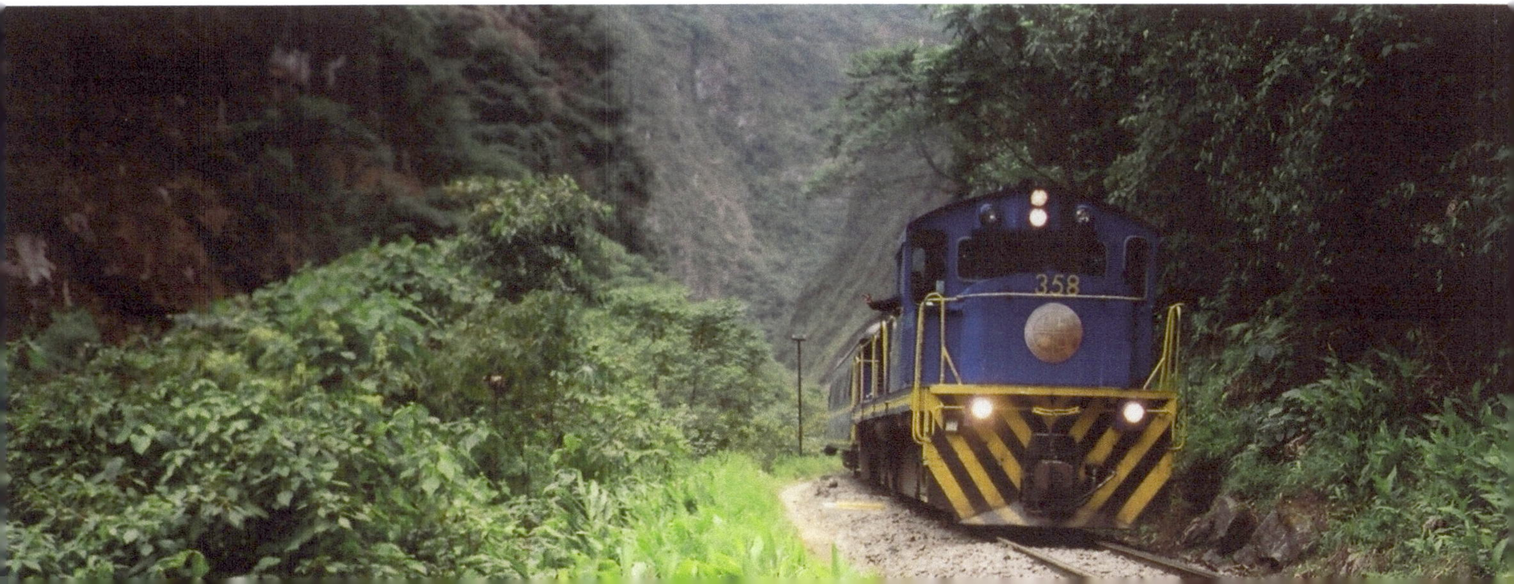
358

The train stops in Aguas Calientes and the smell of pizza cooking in stone ovens tempts your appetite. Huge dazzling mountains surround the town. You can't wait to go up.

El tren para en Aguas Calientes y el olor de pizza que se cocina en hornos de piedra te despierta el hambre. Gigantescas y deslumbrantes montañas rodean el pueblo. Ya no puedes esperar para empezar a subir.

Trivia

This statue is of Manco Capac, founder of the Inca Empire.

Esta estatua es de Manco Cápac, fundador del imperio inca.

The center of town has a statue, an old church, small craft shops, and many hotels.

El centro del pueblo tiene una estatua, una iglesia antigua, pequeñas tiendas de artesanías y muchos hoteles.

Your hotel has a simple clean room and a good bed to sleep in tonight. It is run by a family. In the evening, you are surprised by a blackout in Aguas Calientes. The owners are so quick to bring candles that you think this must happen frequently.

El hotel tiene habitaciones sencillas y limpias y camas buenas para pasar la noche. Los dueños son una familia. Durante la noche, descubres con sorpresa que hay un apagón en Aguas Calientes. Los dueños trean velas tan rápidamente que piensas que esto pasa con frecuencia.

You are along the great Urubamba River. At night the sound of the roaring river echoes through the room, but you sleep well. Tomorrow you will climb the magical mountain of Putucusi.

Estás al lado del grandioso río Urubamba. En la noche, desde la habitación, puedes escuchar el eco del ruidoso río, pero duermes bien. Mañana escalarás la montaña mágica de Putucusi.

In the morning, the sun glistens on bells of flowers that seem to dance in a breeze over the riverbed.

En la mañana, el sol brilla sobre las campanas de flores que parecen bailar en la brisa sobre el cauce del río.

Entrance
La Entrada

A Montaña Putukusi
To Putukusi Mountain

After a five-minute walk along the train tracks, you see the sign to begin the Putucusi climb.

Después de cinco minutos de camino junto a las vías del tren, ves la señal para escalar el Putucusi.

At first the climb is easy. Caterpillars are eating a good leafy meal.

Al comienzo, escalar es fácil. Puedes ver orugas comiendo las hojas.

Charged with energy, you climb the first small wood ladder, explore, and hike some more.

Cargado de energía, subes la primera pequeña escalera de madera, exploras y sigues escalando.

Suddenly, there is the biggest ladder you have ever imagined! Where is the top? Many people stop here and decide to turn back. But there is a rope on the side to help you climb, so let's go up.

¡De pronto, te encuentras con la escalera más grande que jamás te hayas imaginado! ¿Dónde está la cima? Mucha gente se detiene aquí y decide regresar. Pero, hay una soga al costado para ayudarte a escalar, así así que, vamos a subir.

Trivia

This ladder is roughly 200 feet high with 110 steps.

Esta escalera, con 110 escalones, tiene aproximadamente 61 metros de altura.

#4

#3

Will the ladders ever stop? Number three has a cable for a sense of security. Number four has a very long wood rail followed by vertical rocks with another cable.

¿Jamás terminarán las escaleras? La tercera tiene un cable para que te sientas seguro. La cuarta tiene una barra larga de madera seguida de rocas verticales con otro cable.

Rocks with a cable
Rocas con un cable

Just when you think it cannot possibly become harder, there are ladders five and six with no cables or ropes at all. But fortunately, the last ladder, number seven, is horizontal, resembling a bridge.

Cuando piensas que ya no puede haber nada más difícil, te encuentras con las escaleras cinco y seis que no tienen ni cables ni sogas. Pero afortunadamente, la última escalera, la séptima, es horizontal, parecida a un puente.

Soon, you are very high, climbing in the warm open sun. Down below is Aguas Calientes and the noisy Urubamba River. You breathe very hard and drink some water. The air is crisp and cool, and the flowers are spectacular!

De pronto, estás bien arriba, escalando bajo un sol cálido. Muy abajo están Aguas Calientes y el ruidoso río Urubamba. Respiras fuerte y bebes agua. ¡El aire está fresco y frío, y las flores son espectaculares!

Trivia

Putucusi is over 8,500 feet above sea level.

Putucusi está a más de 2560 metros sobre el nivel del mar.

Finally, at the top is an unbelievable sight. Far away, you see the amazing Inca ruins of Machu Picchu! This city was lost for many years until the American explorer, Hiram Bingham, discovered it in 1911.

Finalmente, en la cima, hay una vista increíble. ¡Muy lejos, ves las asombrosas ruinas incas de Machu Picchu! Esta ciudad estuvo perdida por muchos años hasta que el explorador Hiram Bingham de los Estados Unidos la descubrió en 1911.

Great puffy white clouds create mysterious shadows. Spanish moss hangs from trees. These ruins feel like a sacred place. A narrow winding road snakes up to the top. Let's go up to Machu Picchu tomorrow.

Grandes nubes blancas crean misteriosas sombras. Cuelga musgo de los árboles. Estas ruinas parecen un lugar sagrado. Un camino estrecho y lleno de curvas se dirige hacia la cima. Vamos a subir a Machu Picchu mañana.

The next day, you purchase bus and entrance tickets for Machu Picchu. The bus zigzags up the twisting road. How did the Incas build this? What did they do in Machu Picchu? Even today, archeologists and historians are not sure.

Al día siguiente, compras el boletos del autobús y la entrada a Machu Picchu. El autobús sube por un camino lleno de curvas y zigzags hacia Machu Picchu. ¿Cómo construyeron esto los incas? ¿Qué hacían en Machu Picchu? Incluso ahora, los arqueólogos e historiadores no están seguros.

The Inca ruins have stone windows with great mountain views and one wall is breaking.

Las ruinas incas tienen ventanas de piedra con vistas grandiosas
de las montañas y una de las paredes se está quebrando.

You walk to the Temple of the Sun. Inside, the rock altar catches the sun's rays at dawn on the first day of summer. Behind the temple are stair-shaped terrace gardens where the Incas grew their crops.

Caminas hacia el Templo del Sol. Adentro, los rayos del sol se reflejan en el altar de piedra al amanecer el primer día de verano. Detrás del templo hay huertas en terrazas en forma de escalera donde los incas sembraban sus cultivos.

Imagine the Incas growing spices and vegetables, and children and grandmothers helping in the market.

Imagina a los incas cultivando especias y verduras, y a los niños y abuelas ayudando en el mercado.

With a sense of adventure, you follow the treacherous trail to the Inca Bridge consisting of three logs on a cliff. When the logs were removed, the enemy could not attack. The Incas wanted to protect this wonderful city and respect the many surrounding miracles of nature.

Con un espíritu aventurero, sigues el sendero peligrosísimo hacia el Puente del Inca, que consiste en tres troncos sobre un acantilado. Cuando los troncos se quitaban, el enemigo no podía atacar. Los incas querían proteger esta maravillosa ciudad y respetar los milagros de la naturaleza que la rodeaban.

Trivia

Naturalist Harry W. Foote,
part of Hiram Bingham's team,
collected insects that were
deposited in the United States
National Museum.

El Naturalista Harry W. Foote,
parte del grupo de Hiram
Bingham, recolectó insectos
que fueron entregados al Museo
Nacional de los Estados Unidos.

Upon returning to the ruins, a llama surprises you! Behind her, you see a mountain towering over the ruins. It is Huayna Picchu which takes about two hours to climb. To preserve the trail, only 400 people are permitted to climb each day. Let's go up!

Al regresar a las ruinas, ¡una llama te sorprende! Detrás de ella, ves una montaña elevándose sobre las ruinas. Es Huayna Picchu, que toma dos horas para subir. Para preservar el camino, se permiten que sólo cuatrocientas personas escalen diariamente. ¡Vamos a subir!

Security guards sign your name in the trail book and at 10 in the morning, you are already person number 398. Only two more people may climb Huayna Picchu after you. Can you find the last two people?

Los guardas de seguridad anotan tu nombre en un libro de escalada y a las diez de la mañana, tú eres la persona número 398. Sólo dos personas más pueden escalar el Huayna Picchu después de ti. ¿Puedes encontrar a las dos últimas personas?

Steep stairs made of granite rock are exhausting to climb. Nearby, a humming bird makes "clickety-click" rustling sounds with her wings. Let's go up higher.

Los escalones empinados de roca de granito son agotadores para escalar. Cerca de allí, un colibrí hace zumbidos y susurros con sus alas. Sigamos subiendo.

Hole
Agujero

Look! The Incas carved a hole in the rock wall. Soon after, there is a narrow tunnel to crawl through.

¡Mira! Los incas tallaron un agujero en la pared de roca. Un poco más allá, hay un túnel estrecho por el que debes gatear.

Arriving at the top of Huayna Picchu, you find a different breathtaking view of Machu Picchu. It is time to relax, enjoy the surrounding snow capped peaks, and eat a small lunch from your backpack before going back down.

Llegas a la cima de Huayna Picchu y puedes apreciar diferentes vistas impresionantes de Machu Picchu. Es hora de relajarte, disfrutar de los picos nevados a tu alrededor y comer un pequeño almuerzo de tu mochilla antes de regresar.

Leaving Huayna Picchu, you arrive at a huge intimidating rock wall. You take the easier route around the side. But at the bottom, you look up surprised to see someone has chosen to carefully slide down.

Al dejar Huayna Picchu, llegas a una pared enorme de roca que te intimida. Tomas la ruta lateral más fácil. Pero, al fondo, miras arriba sorprendido de ver que alguien ha optado por deslizarse cuidadosamente.

This dangerous trail is thrilling yet serene. A lonely cactus grows strong on the perilous cliff.

Este peligroso sendero es emocionante pero tranquilo. Un cactus solitario crece fuerte en un acantilado escarpado.

At the bottom, walking through Machu Picchu, you discover a wall where the rocks look like a bird. A huge bug and an animal called a viscacha cross your path.

Al fondo, caminando hacia Machu Picchu, hay una pared donde las rocas se parecen a un pájaro. Un insecto enorme y un animal llamado viscacha cruzan el camino.

Huayna Picchu

Putucusi

Machu Picchu

Soon Huayna Picchu, Machu Picchu, and Putucusi glow in warm sunlight as you look for your departing bus.

Pronto, Huayna Picchu, Machu Picchu y Putucusi brillan bajo los rayos de sol mientras buscas tu autobús de regreso.

On the ride back down to Aguas Calientes, remember the old tradition. At one time, young Peruvian boys, the "pequeños chasquis," would race the bus down the mountain, taking short cuts, and waving at the bus along each hairpin turn. They would yell, "¡Hola, hola, hola!" causing the passengers to laugh and smile.

En el autobús de regreso a Aguas Calientes, acuérdate de la tradición antigua. Niños peruanos, los pequeños chasquis, corrían tras el autobus, bajando la montaña, tomando atajos y saludando en cada curva. Ellos gritaban, "¡Hola, hola, hola!" haciendo sonreír a los pasajeros y provocando risa.

Leaving the Andes Mountains, you gaze out the train's back window and your heart longs to come again. Next time, who will go up with you?

Al dejar los Andes, miras por la ventana posterior del tren, y tu corazón sólo anhela volver. ¿Quién subirá contigo la próxima vez?